AF250705

L 27 n
23346

HOMMAGE DU BARREAU D'ALBI

A la Mémoire

de Mᵉ Paul Bermond, Avocat,

Ancien Bâtonnier,

Chevalier de la Légion d'Honneur.

DISCOURS

PRONONCÉ PAR Mᵉ BELOT-MONTVALON, DOYEN DE L'ORDRE

SUR LA TOMBE DE Mᵉ PAUL BERMOND

LE 28 AVRIL 1867

DÉPÔT LÉGAL
Tarn
Nᵒ 21
1867

ALBI.

IMPRIMERIE DE S. RODIÈRE.

MDCCCLXVII.

In 7
233 6

HOMMAGE DU BARREAU D'ALBI

A la Mémoire

de Me Paul Bermond, Avocat,

Ancien Bâtonnier,

Chevalier de la Légion d'Honneur.

DISCOURS

PRONONCÉ PAR Me BELOT-MONTVALON, DOYEN DE L'ORDRE

SUR LA TOMBE DE Me PAUL BERMOND

LE 28 AVRIL 1867

ALBI,

IMPRIMERIE DE S. RODIÈRE

MDCCCLXVII.

« Messieurs,

» Il y a quelques mois à peine, Paul Bermond, bâtonnier de notre ordre, parlait ici sur la tombe de Me Jules Boyer. Il faisait l'éloge de cette illustration du barreau d'Albi. Nous pleurions avec lui ce type parfait de l'avocat, homme de bien, cet excellent ami, cet Albigeois si dévoué à sa ville natale. Ah ! Messieurs, l'herbe n'a pas encore mûri sur ce sol, qu'il vient de s'ouvrir, dans cette seconde journée de deuil public, pour recevoir les restes de celui-là même qui, naguère, disait si bien les qualités de son confrère. Le voilà gisant et muet ! Et moi, vieillard à la voix éteinte, qui devrais me borner à épier ici ma place, je suis forcé de me réveiller pour vous dire avec douleur ce que fut Paul Bermond au milieu de nous, quelle fut sa vie d'avocat. Ce qu'il était dans sa vie publique, une voix mieux autorisée que la mienne vient de vous le dire. Vous savez aussi sa vie d'avocat, elle a parlé si haut et si bien..... A l'âge de vingt ans, en 1840, il prit place au barreau et se trouva en face de l'orateur éminent dont j'ai déjà parlé, qui le précédait avec tous les avantages d'une postulation admirable de douze années de triomphes quotidiens.

» Bermond s'attacha à suivre ce brillant modèle auquel il a voulu, le 22 octobre, faire lui-même l'hommage de la couronne de l'ordre. Il étudiait constamment les qualités de celui dont il était chaque jour le contradicteur dans les luttes judiciaires. Bonnes formes, aménité de mœurs, travail infatigable, il parvint par la vivacité de ses efforts à nous surprendre. Heureux témoin de cette noble rivalité, je me suis pris bien souvent, après avoir admiré, avec toute la sympathie que j'avais pour Me Jules Boyer, l'attaque de celui-ci, je me suis pris, dis-je, à admirer les efforts du jeune émule. Ce n'était pas seulement par l'habileté de ses exposés, par la profondeur de sa science, par la connaissance précise et bien appliquée des arrêts, que brillait Paul Bermond ; il a vécu au milieu de nous vingt-sept ans, toujours triomphant de lui-même, passionné, peut-on dire, pour se rendre bon et agréable à tous, conservant toujours l'heureux privilége de l'égalité d'humeur, répondant à celui d'entre nous auquel il pouvait échapper dans l'improvisation une agression trop vive, de manière à désarmer l'agresseur et le forcer à lui envier sa réponse.

» Devenu à son tour le guide souvent, l'ami toujours de ses confrères, nous avions, après les pertes si tristes déjà faites dans notre barreau, l'espoir qu'il en serait longtemps la tête et la gloire. Nous le prévoyions ainsi quand, dans la dernière session, plaidant une grande cause des plus délicates contre un avocat distingué du barreau de Paris, il nous rendait fiers de ses succès et étonnait son contradicteur par la puissance de ses moyens.

» Vain espoir, hélas! Cette haute position sitôt complète, brisée plus vite encore, un quart d'heure a suffi pour qu'il n'y eût plus qu'un cadavre dans les bras de sa jeune épouse désolée. Il ne faut pourtant pas en être trop surpris : le travail du barreau n'est pas la seule cause qui a fait éclater la foudre au cœur d'une si forte organisation. Le labeur de l'homme public, comme maire d'Albi, était plus grand que celui du barreau. Ses administrés lui rendent témoignage de son généreux dévouement, de sa vigilance pour les intérêts de la ville, de sa patience inaltérable pour écouter les réclamations et faire justice, de la précision de détail avec laquelle il répondait à tout, prouvant par là l'étude consciencieuse qu'il avait faite du dossier administratif; en sorte qu'on peut lui appliquer ces paroles qu'il prononçait au deuil de Me Jules Boyer: « Toutes ses facultés devaient le dévorer en le grandissant. »

» Croiriez-vous, Messieurs, qu'absorbé par tant de travaux, l'homme public le cédât en rien à l'homme de la famille? Demandez plutôt à sa jeune épouse désolée : elle vous dira ce qu'était Paul Bermond dans son intérieur, ce qu'il était pour elle, ce qu'il était pour ses enfants : toujours bon époux, toujours père tendre comme il avait été fils respectueux et dévoué. Elle vous dira qu'elle était heureuse de lui entendre exprimer avec bonheur ses convictions religieuses.

« Voilà, Messieurs, l'homme que nous perdons, si digne de nos regrets et de nos larmes, pour lequel il ne nous reste plus qu'à prier. »

Albi. Impr. S. Rodière. — Avril 67.

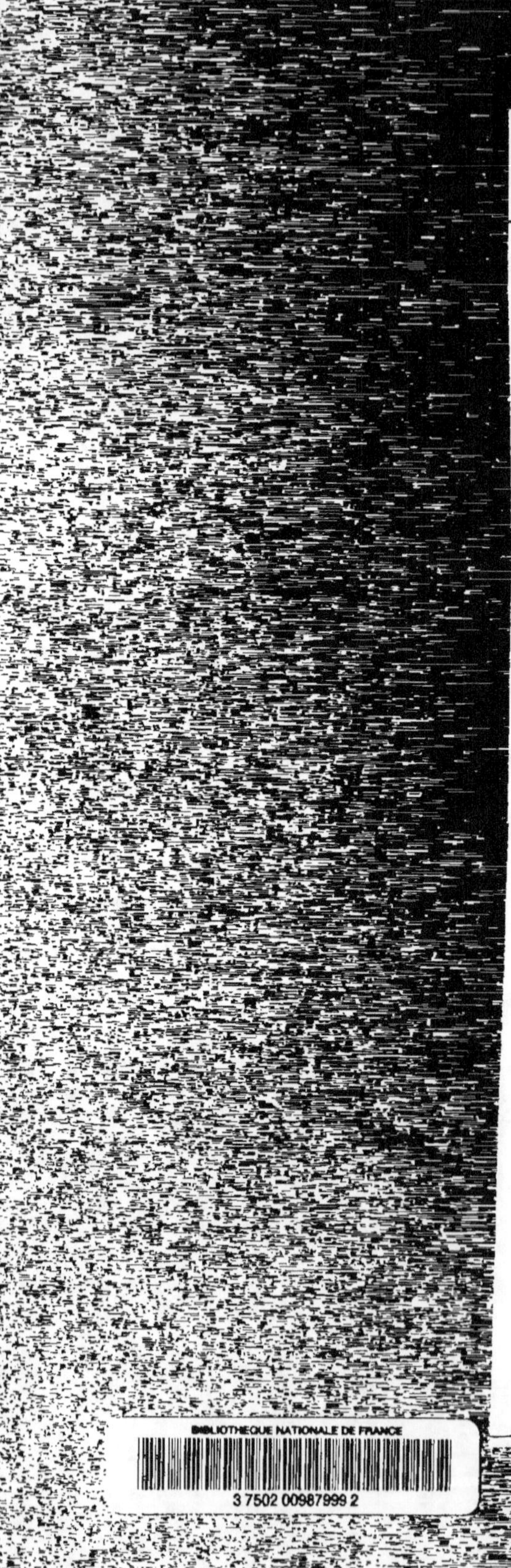
BIBLIOTHEQUE NATIONALE DE FRANCE
3 7502 00987999 2

www.ingramcontent.com/pod-product-compliance
Lightning Source LLC
Chambersburg PA
CBHW062322070726
47596CB00009B/2614